AF188410

Impressum
Verlag: BABADADA GmbH, Nedderfeld 112 , 22529 Hamburg
Geschäftsführer / Verlagsleitung: Harald Hof
Druck: Books on Demand GmbH, In de Tarpen 42, 22848 Norderstedt

Imprint
Publisher: BABADADA GmbH, Nedderfeld 112 , 22529 Hamburg, Germany
Managing Director / Publishing direction: Harald Hof
Print: Books on Demand GmbH, In de Tarpen 42, 22848 Norderstedt, Germany

școală
学校

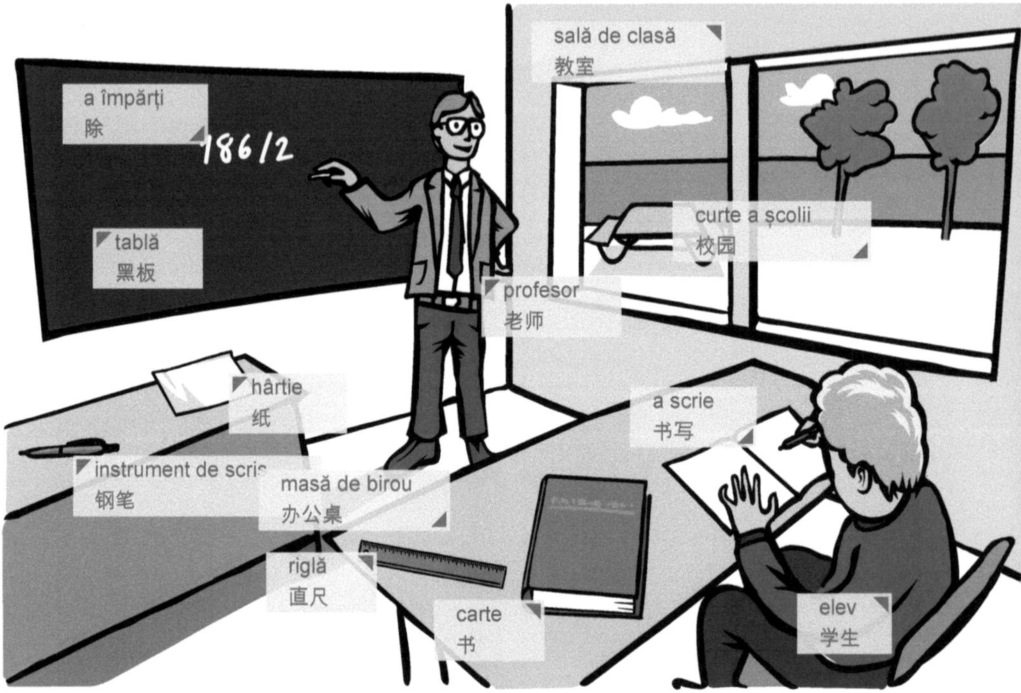
sală de clasă
教室
a împărți
除
186/2
tablă
黑板
curte a școlii
校园
profesor
老师
hârtie
纸
a scrie
书写
instrument de scris
钢笔
masă de birou
办公桌
riglă
直尺
carte
书
elev
学生

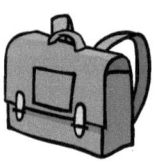

ghiozdan
书包

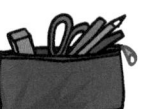

penar
铅笔盒

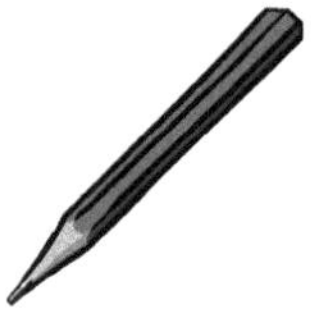

creion
铅笔

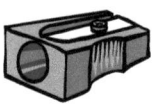

ascuțitoare
卷笔刀

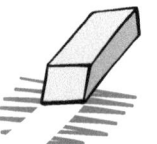

radieră
橡皮擦

bloc de desen
画板

desen

图画

pensulă

画笔

cutie de acuarele

颜料盒

foarfece

剪刀

lipici

胶水

caiet de exerciții

练习册

temă

家庭作业

număr

数字

a aduna

加

a scădea

减

a multiplica

乘

a calcula

计算

literă

字母

alfabet

字母表

cuvânt

字

text

课文

a citi

读

cretă

粉笔

oră

上课

catalog

登记

examen

考试

certificat

证书

uniformă școlară

校服

educație

教育

enciclopedie

百科全书

universitate

大学

microscop

显微镜

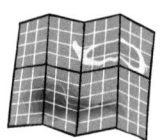

hartă

地图

coș de gunoi

废纸篓

școală - 学校

călătorie
旅行

hotel
酒店
Grand
hostel
青年旅社
ROOMS
casă de schimb valutar
外币兑换处
valiză
手提箱
autovehicul
汽车

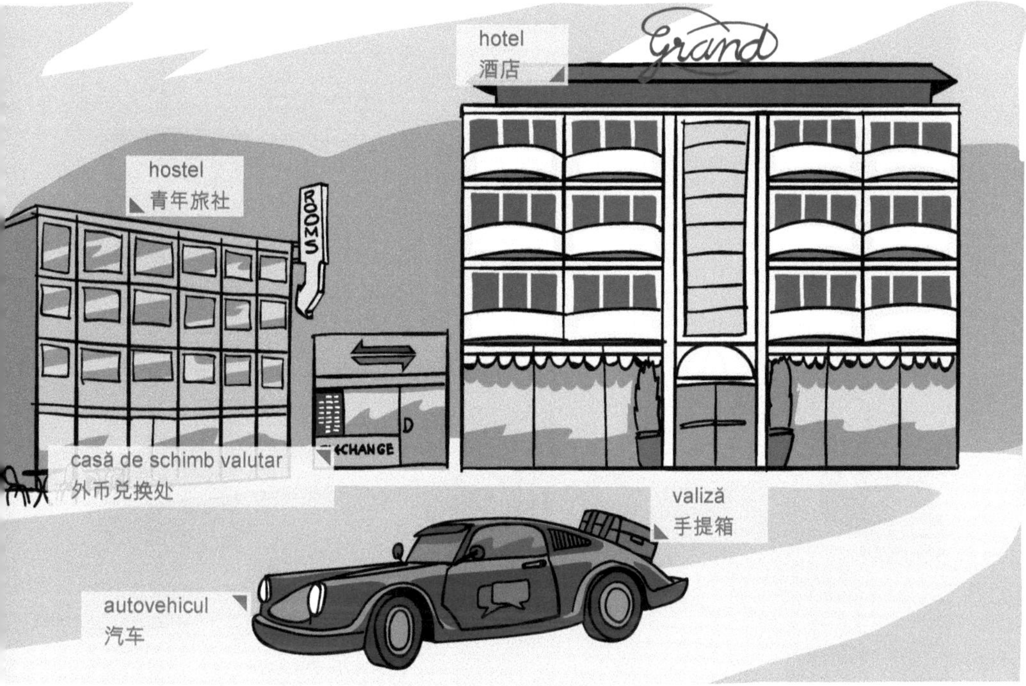

limbă

语言

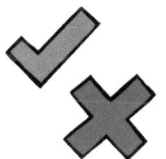

da/nu

是/否

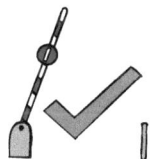

okay

好的

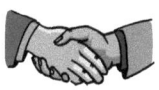

Bună!

您好

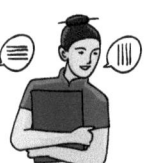

interpret

翻译员

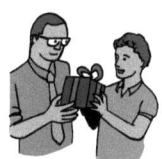

mulțumesc

谢谢

Cât costă...?

......多少钱？

Nu înțeleg

我不明白

problemă

问题

Bună seara!

晚上好！

Bună dimineața!

早上好！

Noapte bună!

晚安！

la revedere

再见

direcție

方向

bagaj

行李

geantă

包

rucsac

双肩包

oaspete

客人

cameră

房间

sac de dormit

睡袋

cort

帐篷

punct de informare turistică

旅游信息

plajă

海滩

carte de credit

信用卡

mic dejun

早餐

masa de prânz

午餐

cină

晚餐

bilet de călătorie

票

lift

电梯

timbru poștal

邮票

graniță

边界

vamă

海关

ambasadă

大使馆

viză

签证

pașaport

护照

transport
交通运输

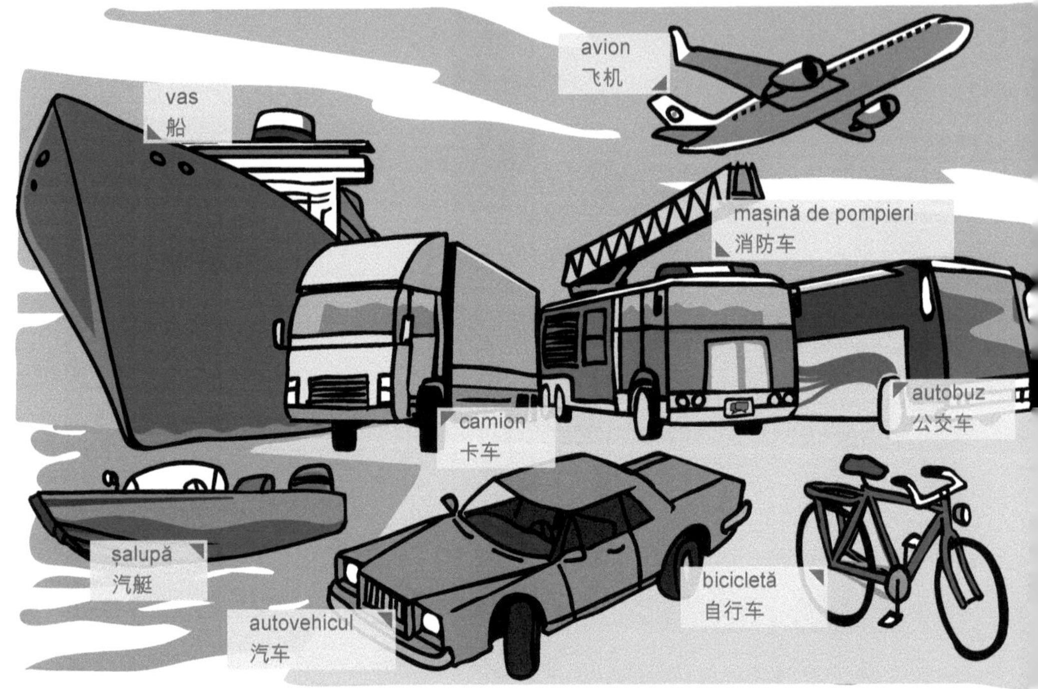

avion
飞机
vas
船
mașină de pompieri
消防车
autobuz
公交车
camion
卡车
șalupă
汽艇
bicicletă
自行车
autovehicul
汽车

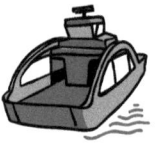

feribot

摆渡船

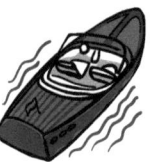

barcă

小船

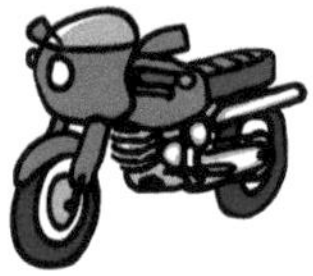

motocicletă

摩托车

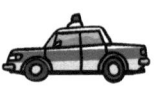

mașină de poliție

警车

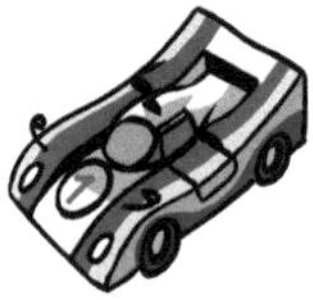

mașină de curse

赛车

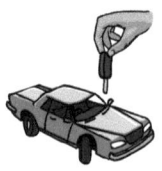

mașină închiriată

租车

car sharing

拼车

mașină de tractat

拖车

mașină de gunoi

垃圾车

motor

发动机

combustibil

汽油

benzinărie

加油站

semn de circulație

交通标志

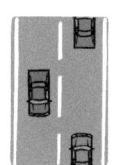

trafic

交通

ambuteiaj

交通堵塞

parcare

停车场

gară

火车站

șine

轨道

tren

火车

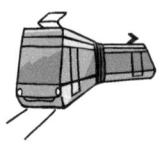

tramvai

电车

vagon

货车

elicopter

直升机

aeroport

机场

turn

塔

pasager

乘客

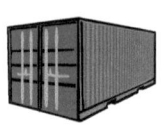

container

集装箱

carton

纸板箱

căruță

手推车

coș

篮子

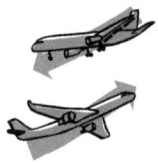

a decola/a ateriza

起飞/降落

oraș

城市

sat

村庄

centru

市中心

casă

房子

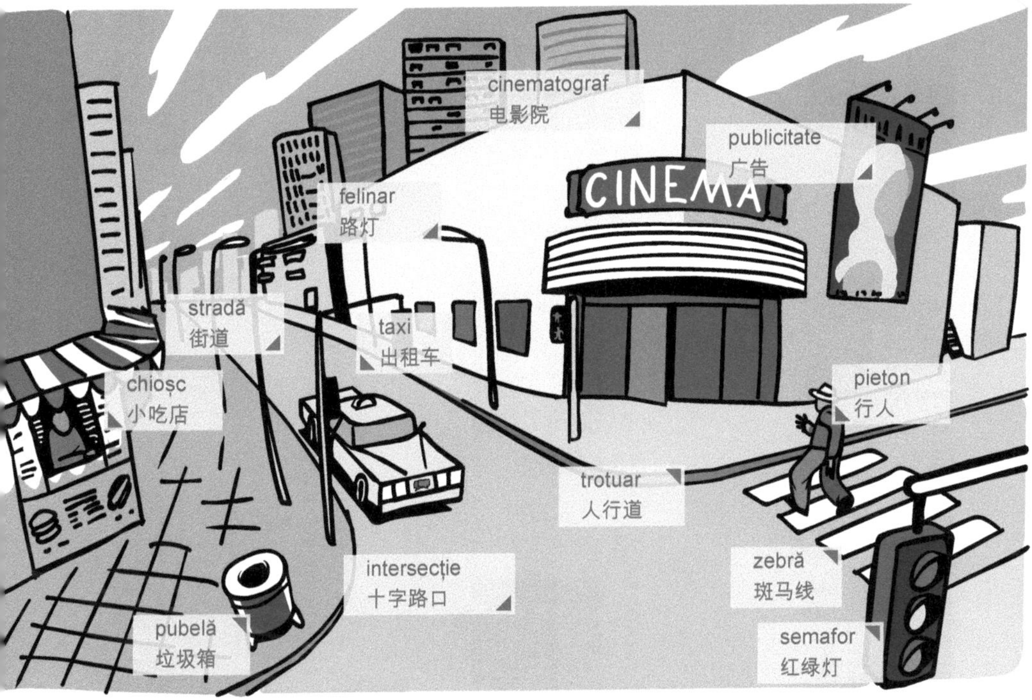
cinematograf
电影院
publicitate
广告
CINEMA
felinar
路灯
stradă
街道
taxi
出租车
chioșc
小吃店
pieton
行人
trotuar
人行道
intersecție
十字路口
zebră
斑马线
pubelă
垃圾箱
semafor
红绿灯

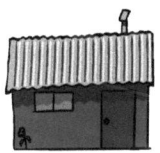

cabană

小屋

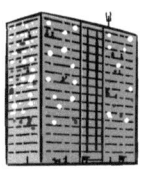

apartament

公寓

gară

火车站

primărie

市政厅

MUSEUM

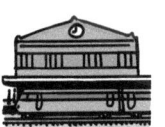

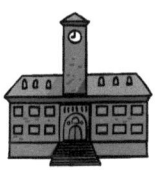

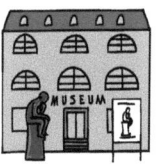

muzeu

博物馆

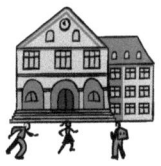

școală

学校

universitate

大学

bancă

银行

spital

医院

hotel

酒店

farmacie

药房

birou

办公室

librărie

书店

magazin

商店

florărie

花店

supermarket

超市

piață

市场

magazin universal

百货商店

comerciant de pește

鱼店

centru comercial

购物中心

port

海港

parc

公园

bancă

长凳

pod

桥

trepte

楼梯

metrou

地铁

tunel

隧道

stație de autobuz

公交车站

bar

酒吧

restaurant

餐馆

cutie poștală

邮筒

tăbliță indicatoare cu
numele străzii

路标

parcometru

停车计时器

grădină zoologică

动物园

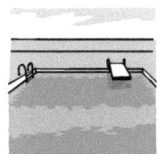

piscină

游泳馆

moschee

清真寺

gospodărie ţărănească

农场

poluare

污染

cimitir

墓地

biserică

教堂

loc de joacă

操场

templu

寺庙

peisaj

地形

frunză
树叶

indicator
指示牌

drum
路

pajişte
草地

piatră
石头

copac
树

drumeţ
徒步旅行
者

râu
河

iarbă
草

floare
花

vale

峡谷

deal

山

lac

湖

pădure

森林

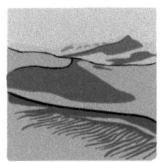

deșert

沙漠

vulcan

火山

castel

城堡

curcubeu

彩虹

ciupercă

蘑菇

palmier

棕榈树

țânțar

蚊子

muscă

苍蝇

furnică

蚂蚁

albină

蜜蜂

păianjen

蜘蛛

gândac

甲虫

broască

青蛙

veveriță

松鼠

arici

刺猬

iepure

野兔

bufniță

猫头鹰

pasăre

鸟

lebădă

天鹅

porc mistreț

野猪

cerb

鹿

elan

麋鹿

dig

水坝

turbină eoliană

风力发电机

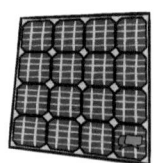

panou solar

太阳能电池板

climă

气候

restaurant
餐馆

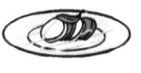

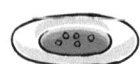

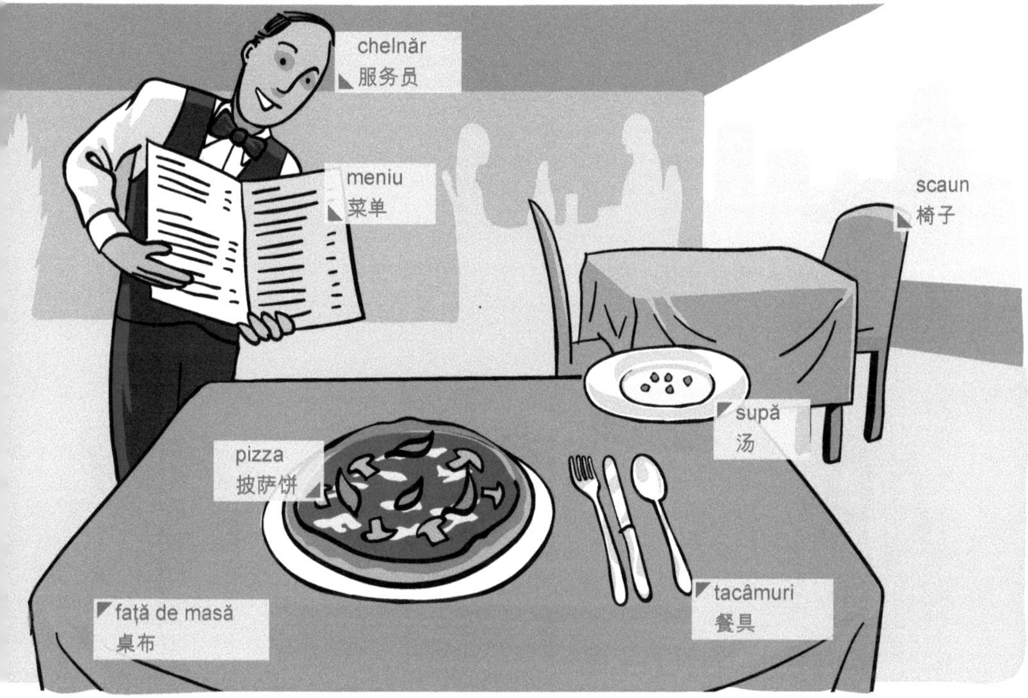
chelnăr
服务员
meniu
菜单
scaun
椅子
supă
汤
pizza
披萨饼
tacâmuri
餐具
față de masă
桌布

antreu

前菜

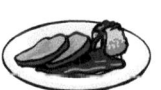

fel principal

主菜

desert

甜点

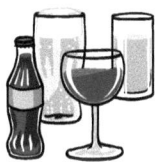

băuturi

饮料

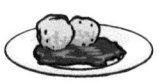

mâncare

食物

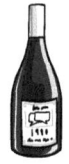

sticlă

瓶子

fastfood

快餐

streetfood

街边小吃

ceainic

茶壶

zaharniță

糖盒

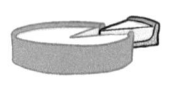

porție

一份饭菜

espressor

意式咖啡机

scaun înalt (pentru copii)

高脚椅

factură

账单

tavă

托盘

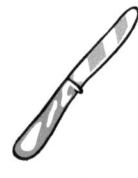

cuțit

刀

furculiță

餐叉

lingură

勺子

linguriță

茶匙

șervețel

餐巾

pahar

玻璃杯

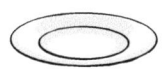

farfurie

碟子

farfurie de supă

汤盘

farfurie

碟子

sos

酱

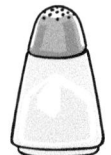

solniță

盐瓶

râșniță de piper

胡椒磨

oțet

醋

ulei

食用油

condimente

调味料

ketchup

番茄酱

muștar

芥末

maioneză

蛋黄酱

supermarket
超市

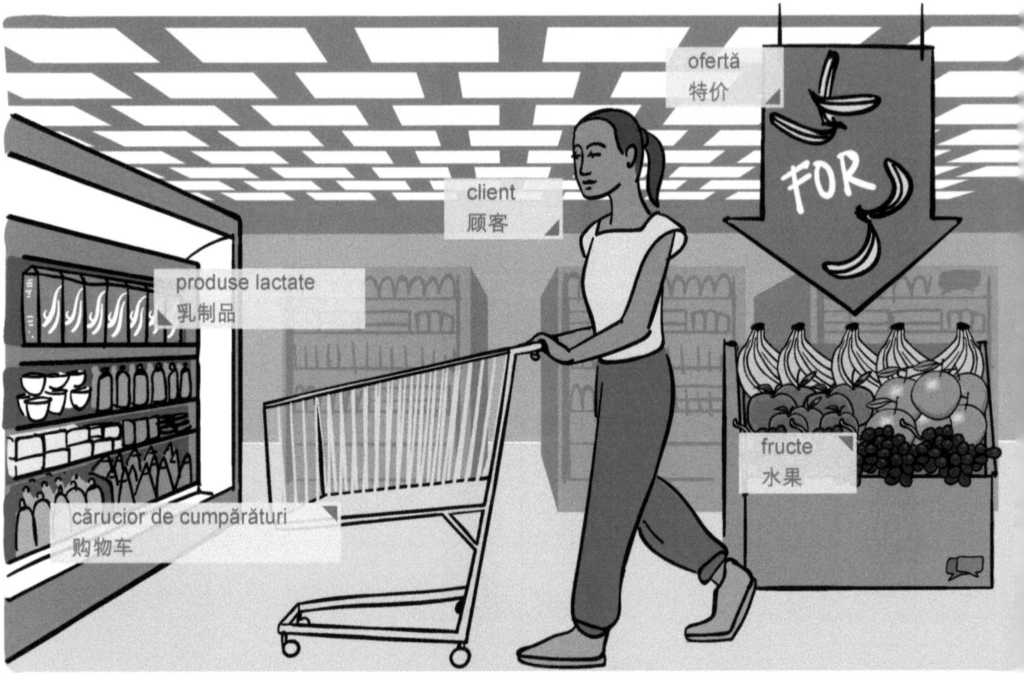

ofertă
特价
FOR
client
顾客
produse lactate
乳制品
fructe
水果
cărucior de cumpărături
购物车

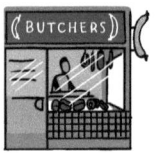

BUTCHERS

măcelărie
肉铺

BAKERY

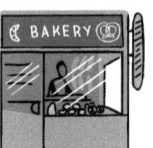

brutărie
面包房

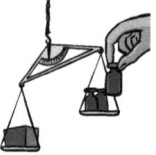

a cântări
称重

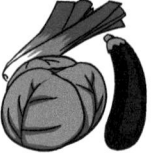

legume
蔬菜

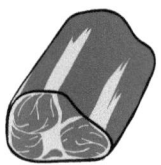

carne
肉

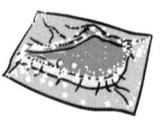

alimente refrigerate
冷冻食品

mezeluri și brânzeturi feliate

冷盘

conserve

罐头食品

detergent

洗衣粉

dulciuri

甜食

articole de menaj

日用品

produse de curățenie

清洁用品

vânzătoare

销售员

casă

收银机

casier

收银员

listă de cumpărături

购物清单

orar

开放时间

portmoneu

钱包

carte de credit

信用卡

geantă

袋子

pungă de plastic

塑料袋

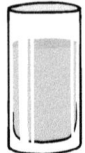

apă

水

suc

果汁

lapte

牛奶

cola

可乐

vin

红酒

bere

啤酒

alcool

酒

cacao

可可

ceai

茶

cafea

咖啡

espresso

意式浓缩咖啡

cappucino

卡布奇诺

banane

香蕉

măr

苹果

portocală

橙子

pepene

西瓜

lămâie

柠檬

morcov

胡萝卜

usturoi

大蒜

bambus

竹子

ceapă

洋葱

ciupercă

蘑菇

nuci

坚果

paste făinoase

面条

spagheti

意大利面条

orez

米饭

salată

沙拉

cartofi prăjiți

薯条

cartofi țărănești

炸土豆

pizza

披萨饼

hamburger

汉堡包

sandwich

三明治

șnițel

炸猪排

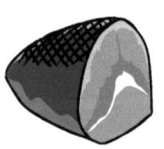

șuncă

火腿

salam

萨拉米

cârnați

香肠

pui

鸡肉

friptură

烤肉

pește

鱼

fulgi de ovăz

燕麦片

musli

穆兹利

cereale

玉米片

făină

面粉

corn

羊角面包

chifle

面包卷

pâine

面包

pâine prăjită

烤面包

biscuiți

饼干

unt

黄油

brânză de vaci

凝乳

prăjitură

蛋糕

ou

蛋

ouă ochiuri

煎蛋

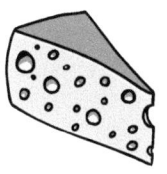

brânză

奶酪

îngheţată

冰激凌

zahăr

糖

miere

蜂蜜

marmeladă

果酱

cremă nuga

巧克力酱

curry

咖喱饭

gospodărie țărănească
农场

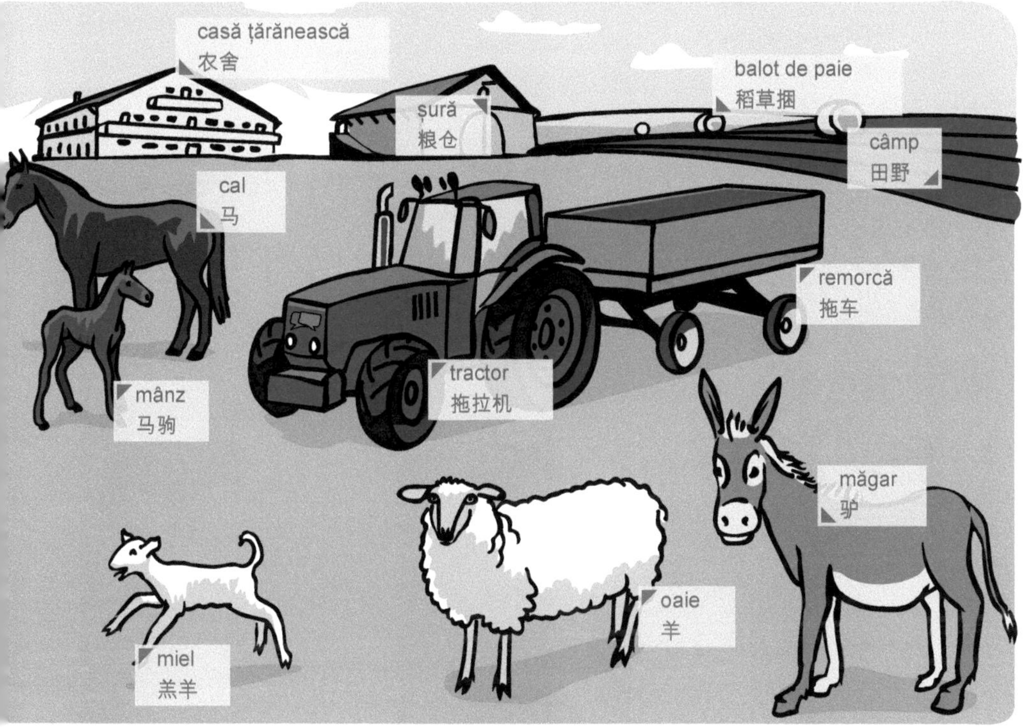
casă țărănească
农舍
balot de paie
稻草捆
șură
粮仓
câmp
田野
cal
马
remorcă
拖车
tractor
拖拉机
mânz
马驹
măgar
驴
oaie
羊
miel
羔羊

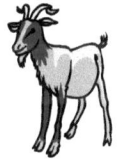

capră
山羊

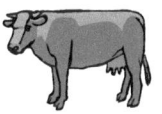

vacă
奶牛

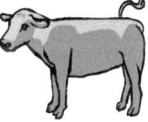

vițel
牛犊

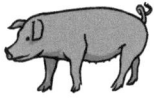

porc
猪

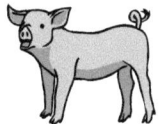

purcel
小猪

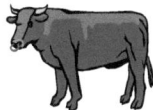

taur
公牛

găină

鹅

rață

鸭

pui

小鸡

găină

母鸡

cocoș

公鸡

șobolan

鼠

pisică

猫

șoarece

老鼠

bou

牛

câine

狗

cușcă

狗屋

furtun de grădină

花园浇水软管

stropitoare

洒水壶

coasă

长柄大镰刀

plug

犁

seceră

镰刀

sapă

锄头

furcă

长柄草耙

secure

斧头

roabă

独轮手推车

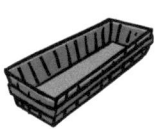

troacă

饲料槽

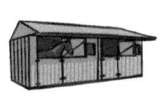

cană pentru lapte

牛奶罐

sac

麻布袋

gard

栅栏

grajd

马厩

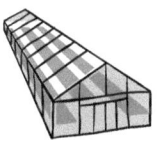

seră

温室

sol

土壤

sămânță

种子

fertilizator

肥料

combină de treierat

联合收割机

a culege

收割

recoltă

收割

cartof yam

山药

grâu

小麦

soia

大豆

cartof

土豆

porumb

玉米

rapiță

油菜籽

pom fructifer

果树

manioc

树薯

cereale

谷物

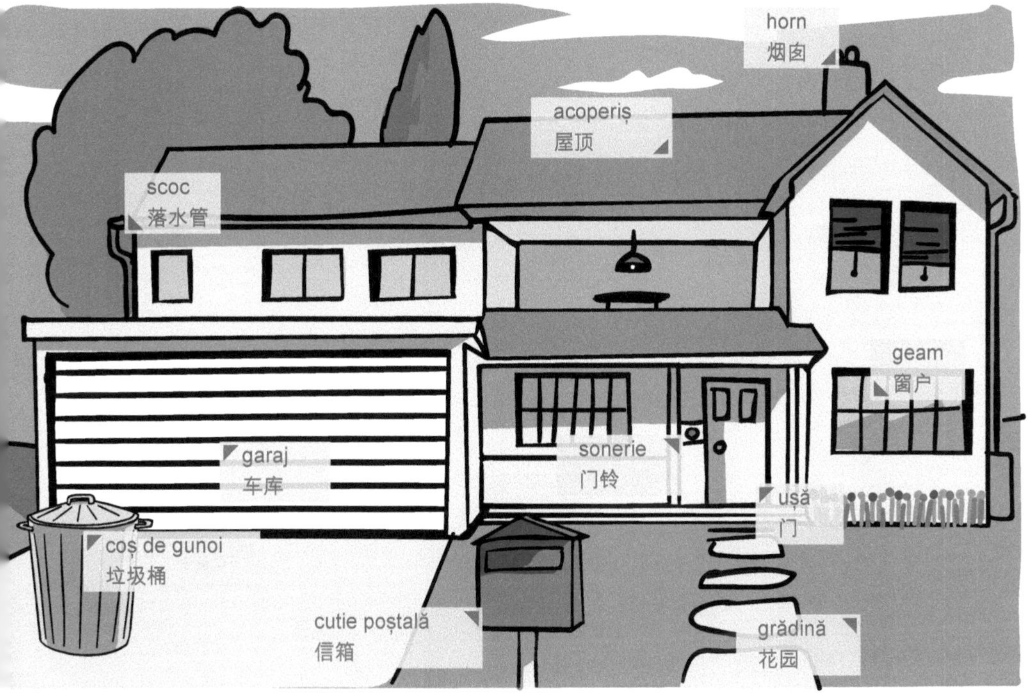

horn
烟囱

acoperiș
屋顶

scoc
落水管

geam
窗户

garaj
车库

sonerie
门铃

ușă
门

coș de gunoi
垃圾桶

cutie poștală
信箱

grădină
花园

camere de zi

客厅

baie

浴室

bucătărie

厨房

dormitor

卧室

camera copiilor

儿童房

sufragerie

餐厅

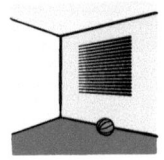

podea

地板

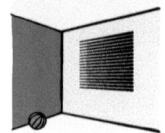

perete

墙壁

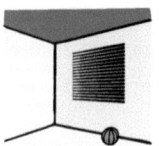

tavan

吊顶

pivniță

地窖

saună

桑拿

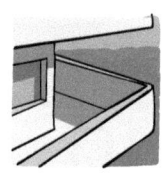

balcon

阳台

terasă

露台

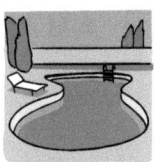

piscină

游泳池

mașină de tuns iarba

割草机

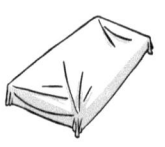

cearșaf

被单

cuvertură

床罩

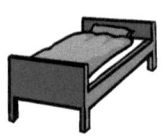

pat

床

mătură

扫帚

găleată

水桶

întrerupător

开关

casă - 房子

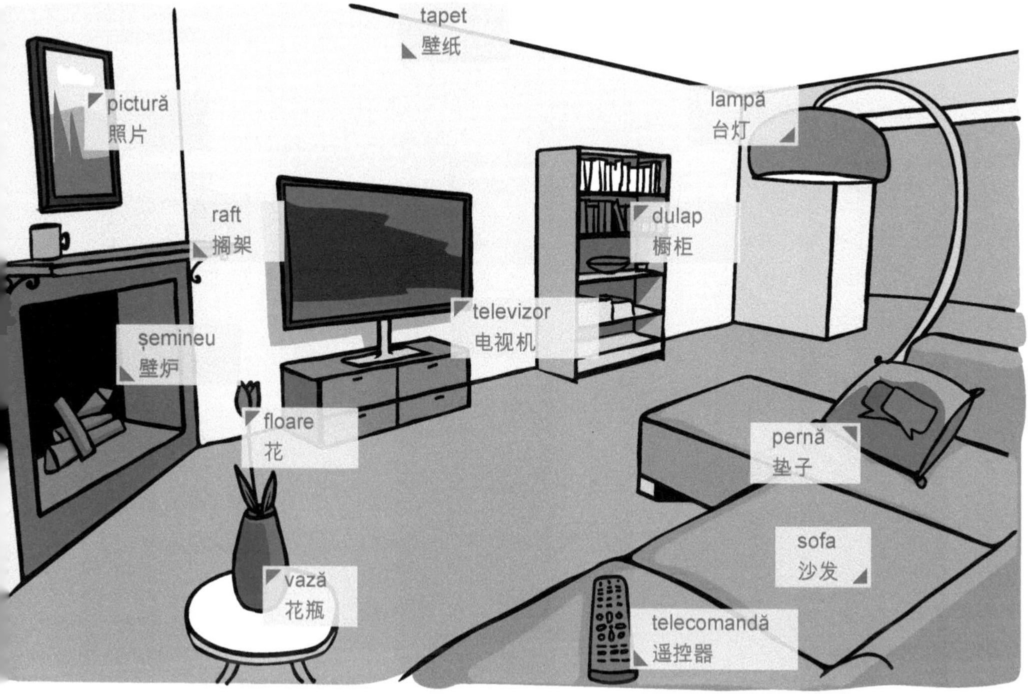

tapet
壁纸

pictură
照片

lampă
台灯

raft
搁架

dulap
橱柜

televizor
电视机

șemineu
壁炉

floare
花

pernă
垫子

sofa
沙发

vază
花瓶

telecomandă
遥控器

covor

地毯

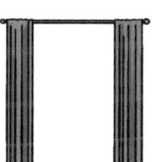

perdea

窗帘

masă

餐桌

scaun

椅子

balansoar

摇椅

fotoliu

扶手椅

carte

书

pătură

毯子

decoraţiune

装饰品

lemn de foc

木柴

film

电影

instalaţie stereo

高保真音响

cheie

钥匙

ziar

报纸

desen

油画

poster

海报

radio

收音机

caiet de notiţe

笔记本

aspirator

吸尘器

cactus

仙人掌

lumânare

蜡烛

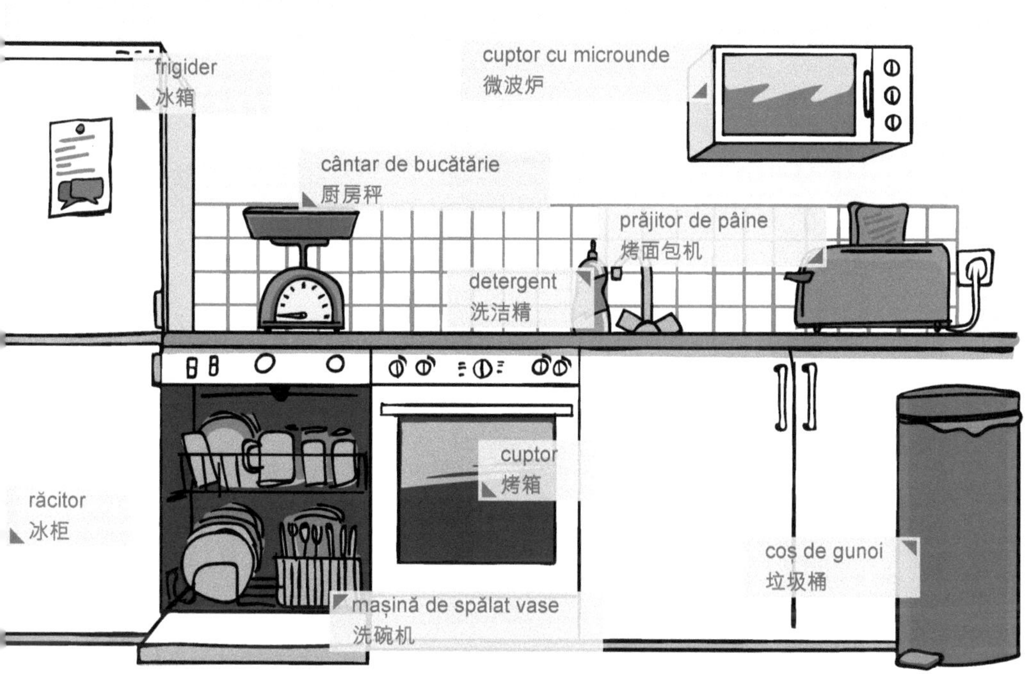

frigider
冰箱

cuptor cu microunde
微波炉

cântar de bucătărie
厨房秤

prăjitor de pâine
烤面包机

detergent
洗洁精

cuptor
烤箱

răcitor
冰柜

coș de gunoi
垃圾桶

mașină de spălat vase
洗碗机

cuptor

炊具

oală

锅

oală de metal

铸铁锅

wok/kadai

炒锅

tigaie

平底锅

ceainic

水壶

oală de gătit cu aburi

蒸锅

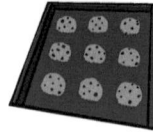

tavă de copt

烤盘

veselă

陶瓷锅

pahar

马克杯

bol

碗

bețișoare

筷子

polonic

长柄勺

spatulă

铲子

tel

搅拌器

sită

滤网

sită

筛子

răzătoare

磨碎机

mojar

研钵

grătar

烧烤

loc pentru grătar

明火

tocător

菜板

sucitor

擀面杖

tirbușon

开瓶器

conservă

罐子

deschizător de conserve

开罐器

șervete termice

隔热手套

chiuvetă

水槽

perie

刷子

burete

海绵

mixer

搅拌机

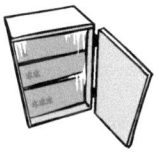

ladă frigorifică

冷藏箱

biberon

奶瓶

robinet

水龙头

încălzire
供暖设备

duş
淋浴

prosop
毛巾

perdea de duş
浴帘

baie cu spumă
泡沫浴

cadă
浴缸

maşină de spălat
洗衣机

gresie
瓷砖

pahar
玻璃杯

robinet
水龙头

oală de noapte
便壶

chiuvetă
水槽

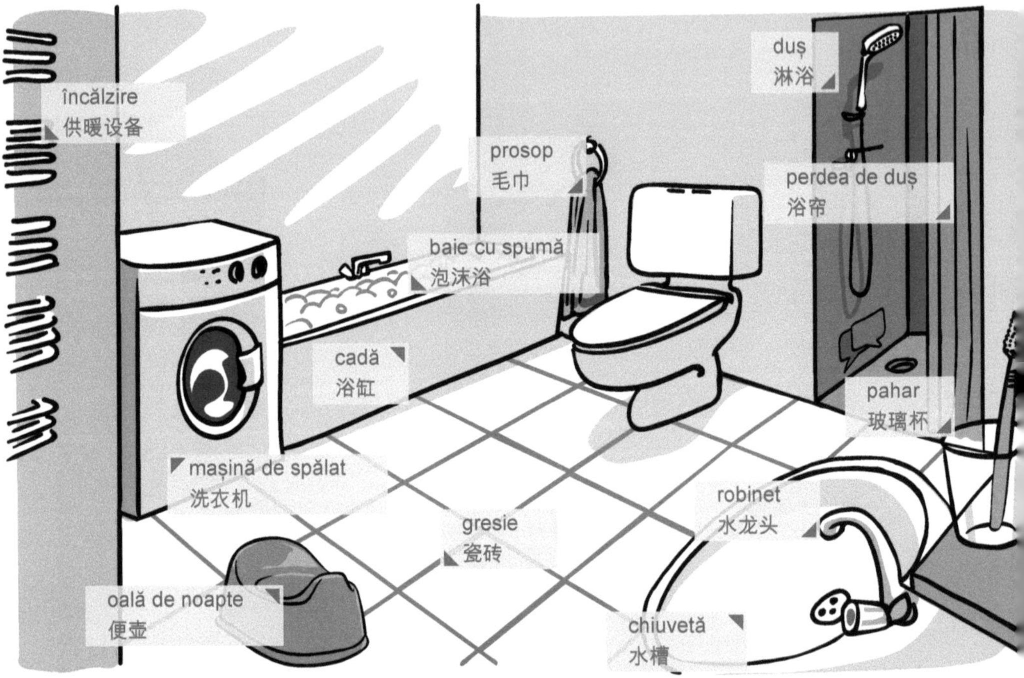

toaletă
厕所

toaletă turcească
蹲便器

bideu
坐浴器

pisoir
小便池

hârtie igienică
厕纸

perie de toaletă
马桶刷

periuță de dinți

牙刷

pastă de dinți

牙膏

ață dentară

牙线

a spăla

洗

cap de duș

手持式喷淋头

duș intim

冲洗器

lavoar

洗脸盆

perie pentru spate

擦背刷

săpun

肥皂

gel de duș

沐浴露

șampon

洗发水

cârpă de spălat

法兰绒

scurgere

排水

cremă

乳霜

deodorant

除臭剂

oglindă

镜子

oglindă cosmetică

手镜

aparat de ras

剃须刀

spumă de ras

剃须泡沫

aftershave

须后水

pieptene

梳子

perie

刷子

uscător de păr

吹风机

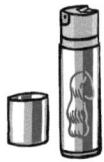

fixator

喷发定型剂

machiaj

化妆品

ruj

唇膏

lac de unghii

指甲油

vată

化妆棉

foarfece de unghii

指甲剪

parfum

香水

neseser

洗漱包

taburet

凳子

cântar

计重秤

halat de baie

浴袍

mănuși de cauciuc

橡胶手套

tampon

卫生棉条

tampon

卫生巾

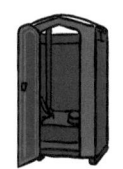

toaletă chimică

化学厕所

camera copiilor

儿童房

ceas deșteptător
闹钟
jucărie de pluș
毛绒玩具
mașină de jucărie
玩具车
morișcă
拨浪鼓
casă de păpuși
玩具屋
cadou
礼物

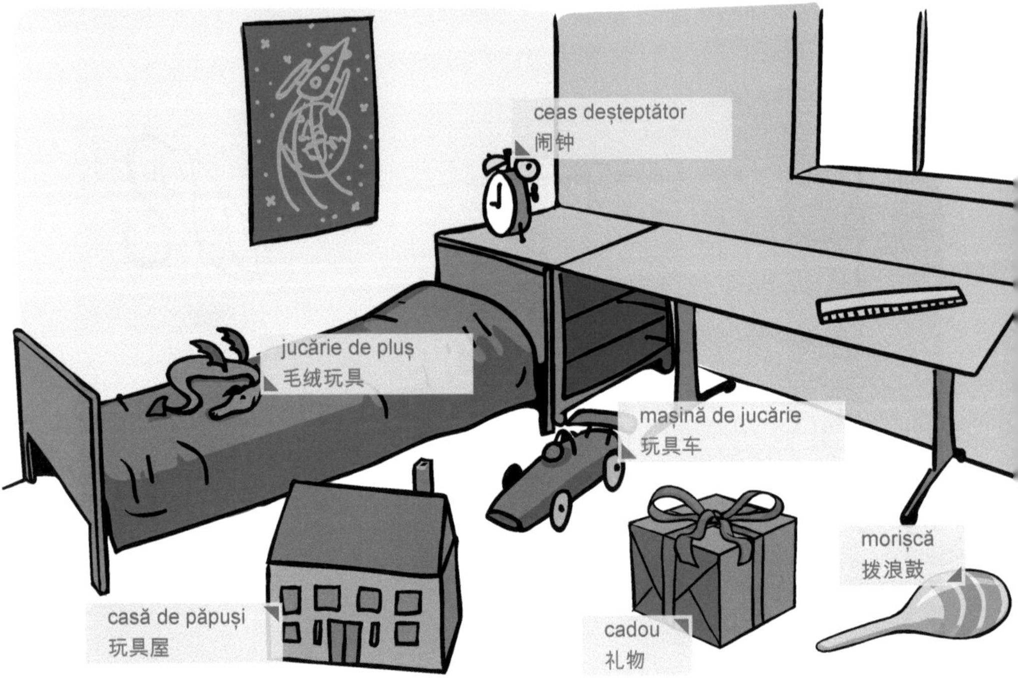

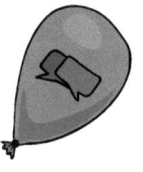

balon

气球

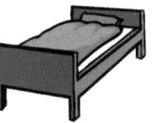

pat

床

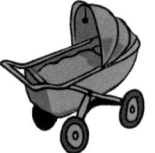

cărucior de copii

（洋娃娃用）婴儿车

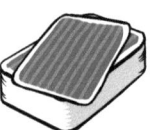

joc de cărți

扑克牌

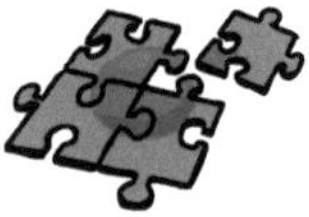

puzzle

拼图

revistă de benzi desenate

漫画

cuburi lego

乐高积木

piese pentru construcții

积木玩具

personaj din filmele de acțiune

玩具人

body

婴儿服

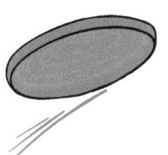

frisbee

飞盘

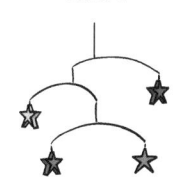

mobil

床铃玩具

joc de societate

棋盘游戏

zar

骰子

set trenuleț de jucărie

火车模型

suzetă

安抚奶嘴

petrecere

聚会

carte cu poze

绘本

minge

球

păpușă

洋娃娃

a se juca

玩

groapă de nisip

沙坑

leagăn

秋千

jucării

玩具

consolă video

游戏机

tricicletă

三轮车

ursuleț

泰迪熊

dulap

衣柜

îmbrăcăminte

衣服

șosete

袜子

ciorapi

长袜

dres

紧身裤

șal
围巾

umbrelă
雨伞

curea
皮带

tricou
T恤

pantofi sport
运动鞋

cizme
靴子

papuci
拖鞋

sandale

凉鞋

încălțăminte

鞋

cizme de cauciuc

雨靴

chilot

内裤

sutien

胸罩

maiou

背心

body

身体

pantaloni

裤子

blugi

牛仔裤

fustă

短裙

bluză

女式衬衫

cămașă

衬衫

pulover

套头衫

jerseu

卫衣

sacou

西装夹克

jachetă

夹克

palton

外套

pelerină de ploaie

雨衣

costum

套装

rochie

连衣裙

rochie de mireasă

婚纱

costum

西装

cămașă de noapte

睡袍

pijama

睡衣

sari

莎丽

batic

头巾

turban

包头巾

burka

波卡

caftan

卡夫坦

abaya

(阿拉伯式)长袍长袍

costum de baie

泳衣

șort

男式泳裤

pantaloni scurți

短裤

trening

运动服

șorț

围裙

mănuși

手套

nasture

纽扣

ochelari

眼镜

brățară

手链

lanț

项链

inel

戒指

cercel

耳环

căciulă

便帽

umeraș

衣架

pălărie

帽子

cravată

领带

fermoar

拉链

cască

头盔

bretele

背带

uniformă școlară

校服

uniformă

制服

bavețică

围兜

suzetă

安抚奶嘴

scutec

尿不湿

birou
办公室

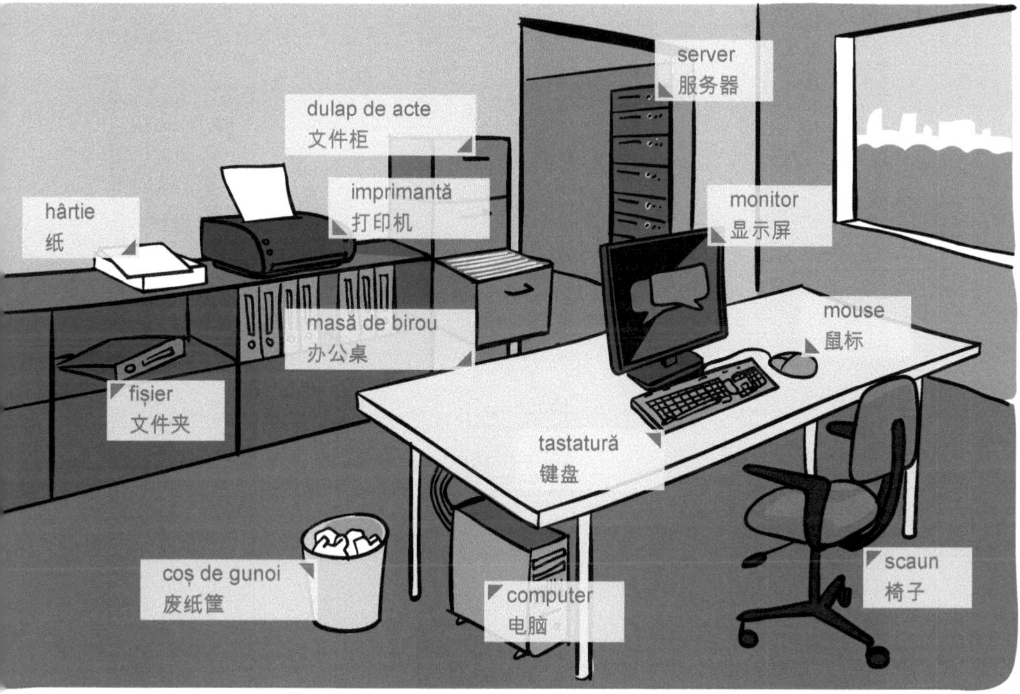

server
服务器

dulap de acte
文件柜

imprimantă
打印机

monitor
显示屏

hârtie
纸

masă de birou
办公桌

mouse
鼠标

fişier
文件夹

tastatură
键盘

coș de gunoi
废纸筐

computer
电脑

scaun
椅子

ceașcă de cafea

咖啡杯

calculator

计算器

internet

因特网

laptop

笔记本电脑

scrisoare

信件

mesaj

消息

telefon mobil

手机

reţea

网络

copiator

复印机

software

软件

telefon

电话

priză

插座

fax

传真机

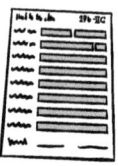

formular

表格

document

文件

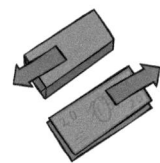

a cumpăra

买

a plăti

付钱

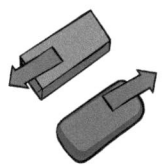

a face comerț

交易

bani

现金

Dolar

美元

Euro

欧元

Yen

日元

Rublă

卢布

Franc Elvețian

瑞士法郎

renminbi yuan

人民币

Rupie

卢比

bancomat

提款处

casă de schimb valutar

外币兑换处

aur

金

argint

银

petrol

石油

energie

能源

preţ

价格

contract

合同

impozit

税金

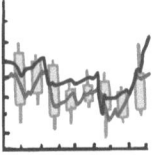

acţiune

股票

a munci

工作

angajat

职员

angajator

老板

fabrică

工厂

magazin

商店

ocupații
职业

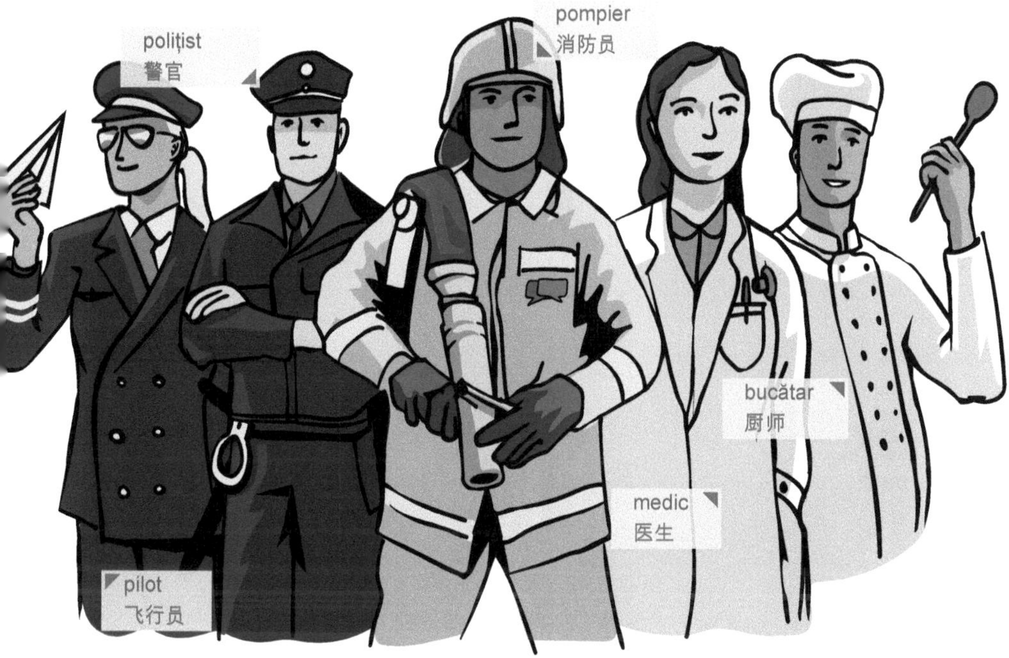

polițist
警官
pompier
消防员
bucătar
厨师
medic
医生
pilot
飞行员

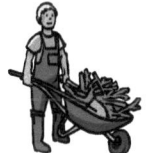

grădinar

园丁

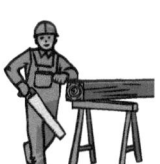

tâmplar

木匠

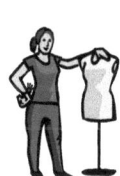

cusătoreasă

裁缝

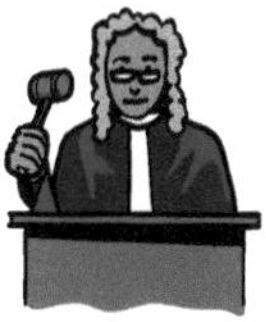

judecător

法官

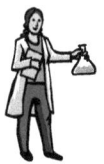

chimist

化学家

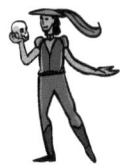

actor

演员

șofer de autobuz

公交车司机

șofer de taxi

出租车司机

pescar

渔夫

femeie de serviciu

清洁女工

tinichigiu

屋顶工

chelnăr

服务员

vânător

猎人

pictor

画家

brutar

面包师

electrician

电工

muncitor în construcții

建筑工人

inginer

工程师

măcelar

屠夫

instalator

水管工

poștaș

邮递员

soldat

士兵

arhitect

建筑师

casier

收银员

florar

花农

frizer

理发师

controlor

售票员

mecanic

机械师

căpitan

船长

stomatolog

牙医

om de știință

科学家

rabin

拉比

imam

伊玛目

călugăr

和尚

preot

牧师

instrumente
工具

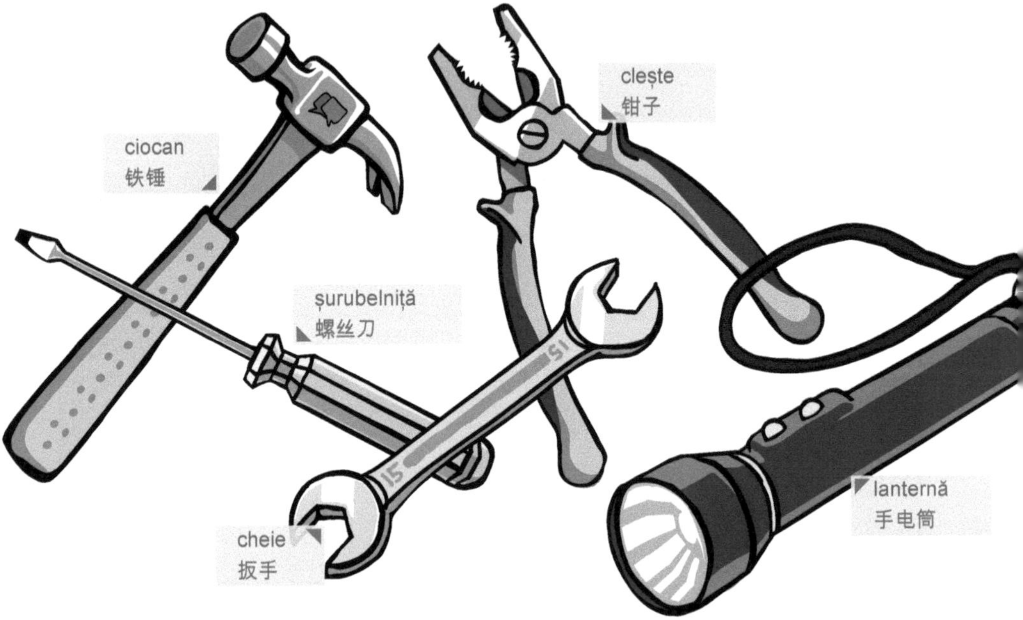
ciocan
铁锤
clește
钳子
șurubelniță
螺丝刀
cheie
扳手
lanternă
手电筒

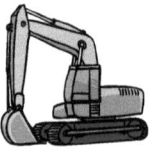

excavator
挖掘机

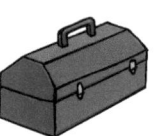

cutie de scule
工具箱

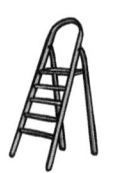

scară
梯子

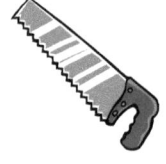

ferăstrău
锯子

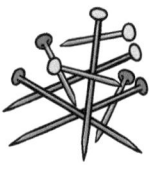

cuie
钉子

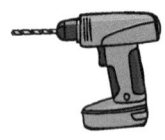

burghiu
钻机

a repara

修

lopată

铲子

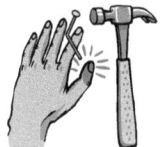

La naiba!

靠！

făraș

簸箕

vas pentru vopsea

油漆桶

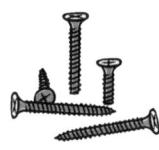

șuruburi

螺丝

instrumente muzicale

乐器

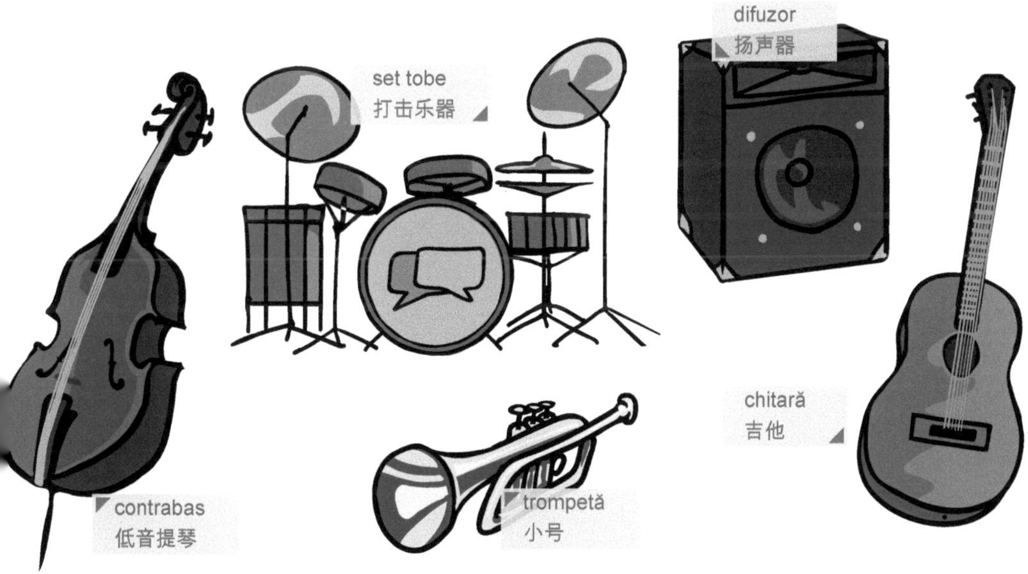

set tobe
打击乐器 ▶

difuzor
扬声器 ▶

▼ contrabas
低音提琴

trompetă
小号

chitară
吉他 ◀

pian

钢琴

vioară

小提琴

bas

贝斯

trombon

定音鼓

tobă

鼓

keyboard

电子琴

saxofon

萨克斯管

fluier

长笛

microfon

麦克风

grădină zoologică

动物园

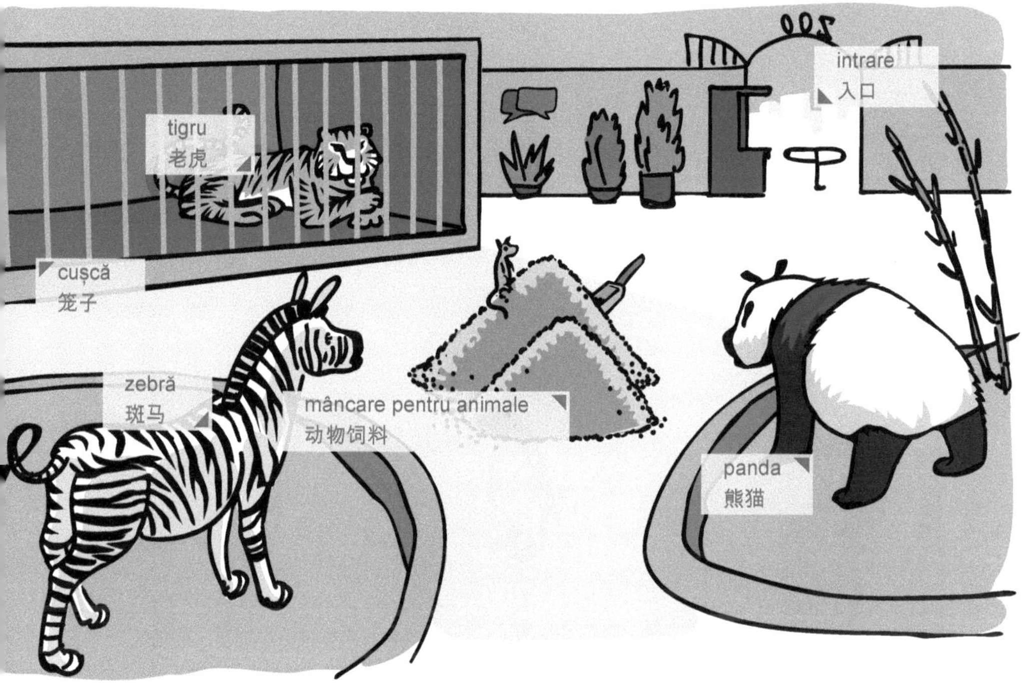

tigru
老虎
intrare
入口
cușcă
笼子
zebră
斑马
mâncare pentru animale
动物饲料
panda
熊猫

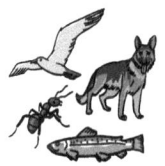

animale

动物

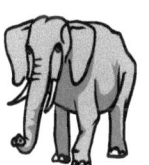

elefant

大象

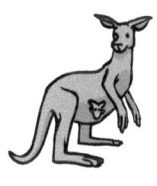

cangur

袋鼠

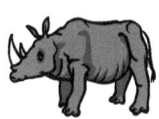

rinocer

犀牛

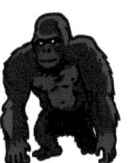

gorilă

大猩猩

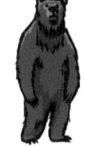

urs

熊

cămilă

骆驼

struț

鸵鸟

leu

狮子

maimuță

猴子

flamingo

火烈鸟

papagal

鹦鹉

urs polar

北极熊

pinguin

企鹅

rechin

鲨鱼

păun

孔雀

șarpe

蛇

crocodil

鳄鱼

îngrijitor grădina zoologică

动物园管理员

focă

海豹

jaguar

美洲豹

ponei

矮种马

leopard

豹

hipopotam

河马

girafă

长颈鹿

acvilă

老鹰

porc mistreț

野猪

pește

鱼

broască țestoasă

龟

morsă

海象

vulpe

狐狸

gazelă

羚羊

fotbal american
橄榄球

ciclism
骑自行车

tenis
网球

basketball
篮球

înot
游泳

box
拳击

hockey pe gheață
冰球

fotbal

英式足球

badminton

羽毛球

atletism

田径

handbal

手球

schi

滑雪

polo

马球

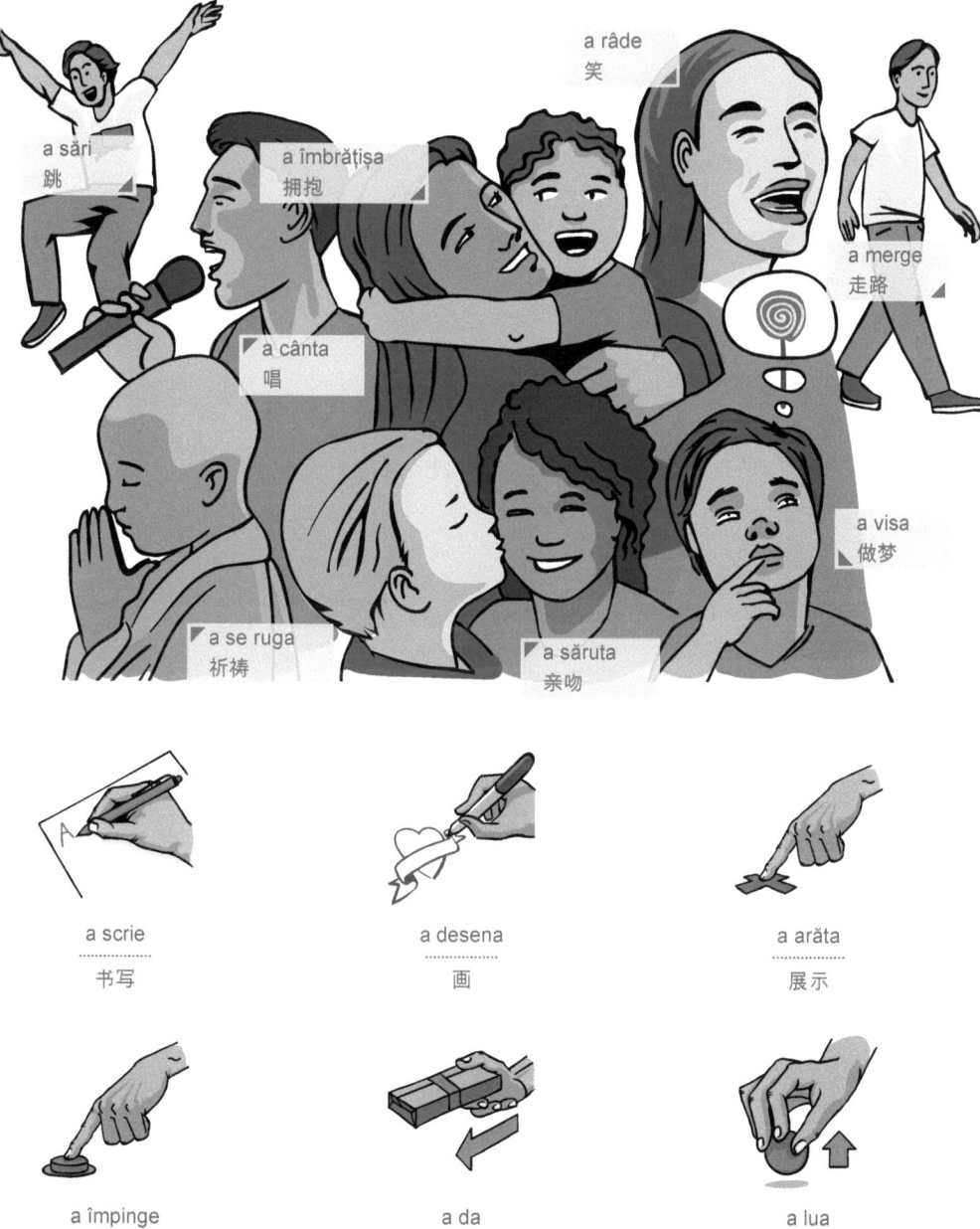

a sări
跳

a îmbrățișa
拥抱

a râde
笑

a merge
走路

a cânta
唱

a visa
做梦

a se ruga
祈祷

a săruta
亲吻

a scrie
书写

a desena
画

a arăta
展示

a împinge
推

a da
给

a lua
拿

a avea

有

a face

做

a fi

当

a sta în picioare

站

a fugi

跑

a trage

拉

a arunca

扔

a cădea

摔倒

a sta întins

躺

a aștepta

等待

a purta

携带

a ședea

坐

a se îmbrăca

穿衣

a dormi

睡觉

a se trezi

醒来

a privi

看

a plânge

哭

a mângâia

抚摸

a se pieptăna

梳头

a vorbi

交谈

a înțelege

明白

a întreba

问

a asculta

听

a bea

喝

a mânca

吃

a face ordine

清理

a iubi

爱

a găti

做饭

a conduce

开车

a zbura

飞

a naviga

航行

a calcula

计算

a citi

读

a învăţa

学习

a munci

工作

a se căsători

结婚

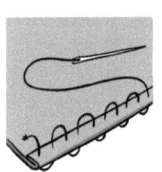

a coase

缝

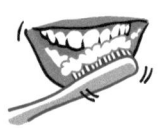

a se spăla pe dinţi

刷牙

a ucide

杀

a fuma

抽烟

a trimite

寄

activităţi - 活动

bunică
祖母

bunic
祖父

tată
父亲

mamă
母亲

bebeluş
婴童

soră
女儿

fiu
儿子

oaspete

客人

mătuşă

阿姨

unchi

叔叔

frate

兄弟

soră

姐妹

corp
身体

frunte
前额
ochi
眼睛
umăr
肩膀
deget
手指
față
脸
bărbie
下巴
mână
手
picior
腿
piept
乳房
braț
手臂

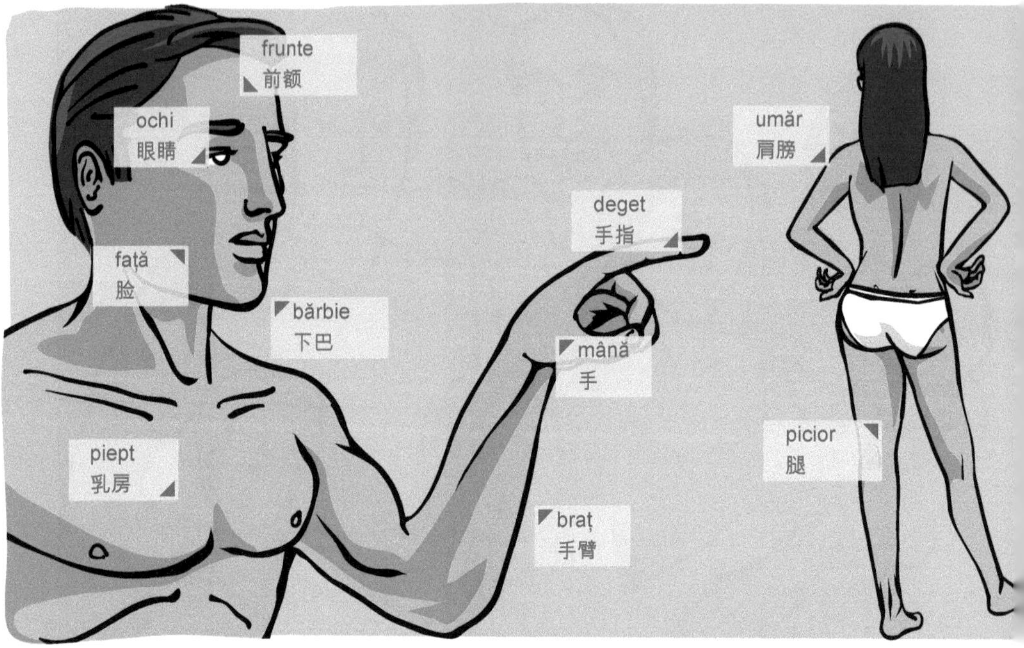

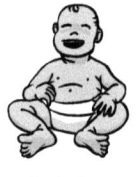

bebeluș
婴童

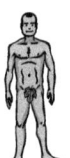

bărbat
男人

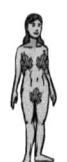

femeie
女人

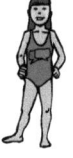

fată
女孩

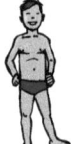

băiat
男孩

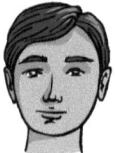

cap
头

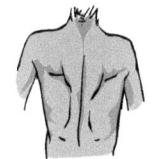

spate

背部

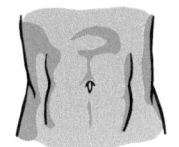

abdomen

肚子

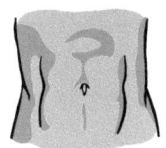

ombilic

肚脐

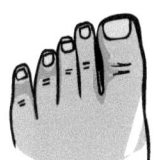

deget de la picior

脚趾

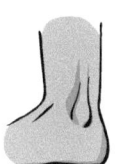

călcâi

脚后跟

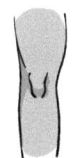

os

骨头

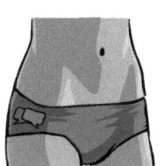

şold

臀部

genunchi

膝盖

cot

手肘

nas

鼻子

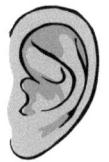

fund

屁股

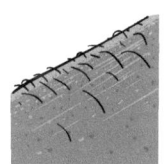

piele

皮肤

obraz

脸颊

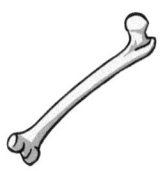

ureche

耳朵

buză

嘴唇

gură

嘴

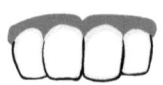

dinte

牙齿

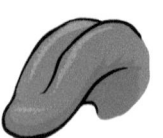

limbă

舌头

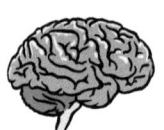

creier

脑

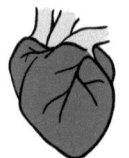

inimă

心脏

mușchi

肌肉

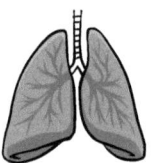

plămân

肺

ficat

肝脏

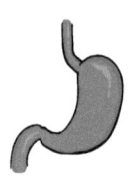

stomac

胃

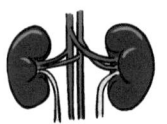

rinichi

肾脏

sex

性交

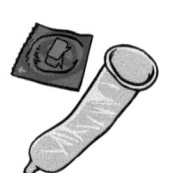

prezervativ

避孕套

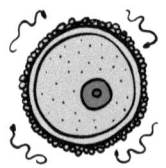

ovul

卵子

spermă

精子

sarcină

怀孕

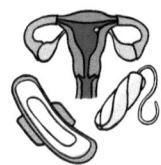

menstruație

月经

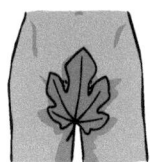

vagin

阴道

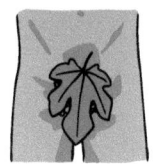

penis

阴茎

sprânceană

眉毛

păr

头发

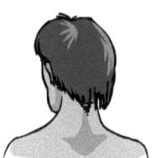

gât

脖子

spital
医院

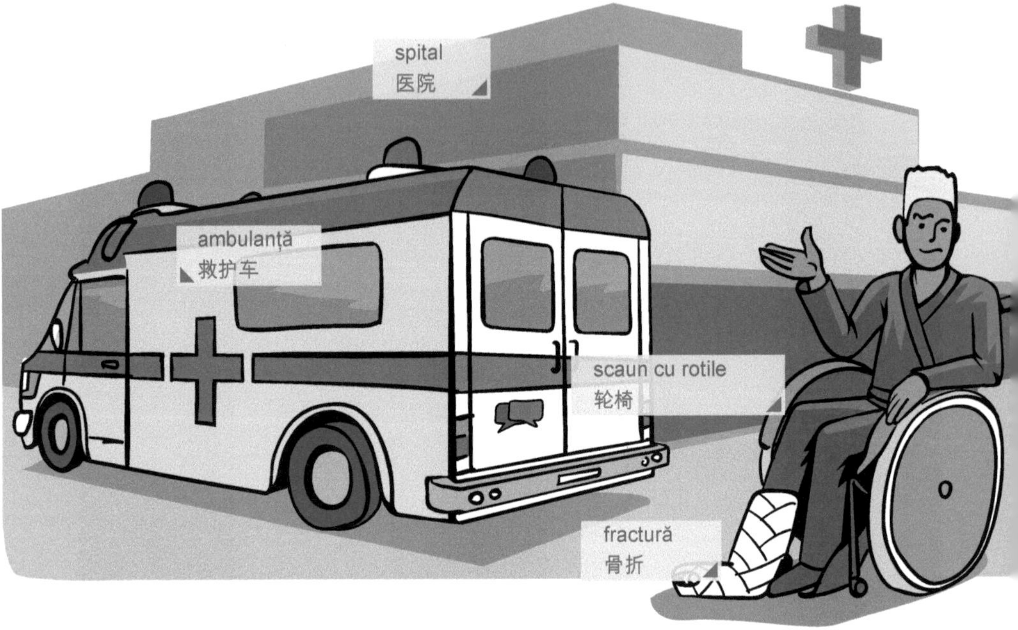

spital
医院
ambulanță
救护车
scaun cu rotile
轮椅
fractură
骨折

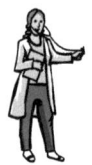

medic
医生

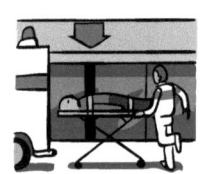

unitate de primiri urgențe
急诊室

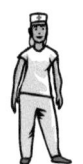

soră medicală
护士

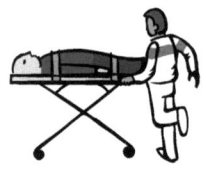

urgență
紧急情况

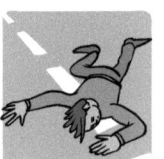

inconștient
昏迷

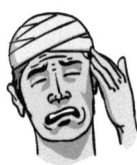

durere
痛

leziune

受伤

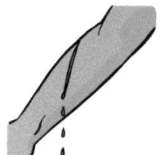

sângerare

出血

infarct miocardic

心脏病发作

atac cerebral

中风

alergie

过敏

tuse

咳嗽

febră

发烧

gripă

流感

diaree

腹泻

durere de cap

头痛

cancer

癌症

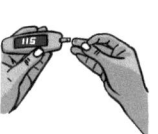

diabet

糖尿病

chirurg

外科医生

scalpel

手术刀

operație

手术

CT

CT

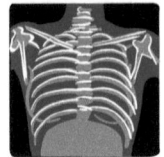

raze Röntgen

X光

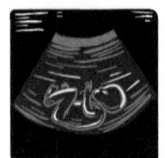

ultrasunet

超声波

mască

口罩

boală

疾病

sală de așteptare

候诊室

cârjă

拐杖

plasture

石膏

bandaj

绷带

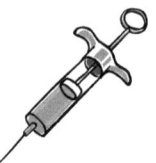

injecție

注射

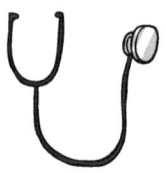

stetoscop

听诊器

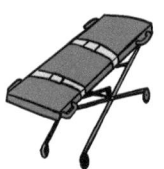

targă

担架

termometru

体温计

naștere

出生

supraponderabilitate

超重

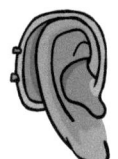

aparat auditiv

助听器

dezinfectant

消毒液

infecție

感染

virus

病毒

HIV/SIDA

艾滋病

medicină

药物

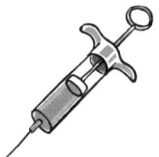

vaccin

接种疫苗

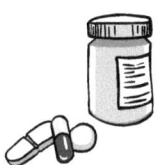

tablete

药片

pastilă

药丸

apel de urgență

急救电话

aparat de măsurare a
presiunii arteriale

血压计

bolnav/sănătos

生病/健康

Ajutor!

救命！

alarmă

警报

agresiune

突击

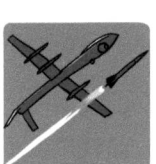

atac

攻击

pericol

危险

ieșire de urgență

紧急出口

Foc!

着火啦！

extinctor

灭火器

accident

意外

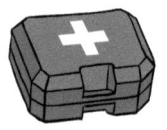

trusă de prim-ajutor

急救箱

SOS

呼救信号

poliție

警察

Europa

欧洲

America de Nord

北美洲

America de Sud

南美洲

Africa

非洲

Asia

亚洲

Australia

澳洲

Altantic

大西洋

Pacific

太平洋

Oceanul Indian

印度洋

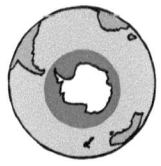

Oceanul Antarctic

南冰洋

Oceanul Arctic

北冰洋

Polul Nord

北极

Polul Sud

南极

Antarctica

南极洲

pământ

地球

țară

陆地

mare

海

insulă

岛

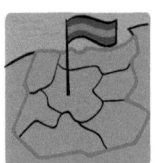

națiune

国家

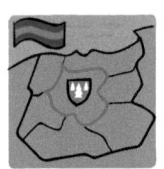

stat

国家

cadran

钟面

orar

时针

minutar

分针

secundar

秒针

Cât e ceasul?

现在几点？

zi

天

timp

时间

acum

现在

cead digital

电子表

minut

分

oră

时

săptămână
周

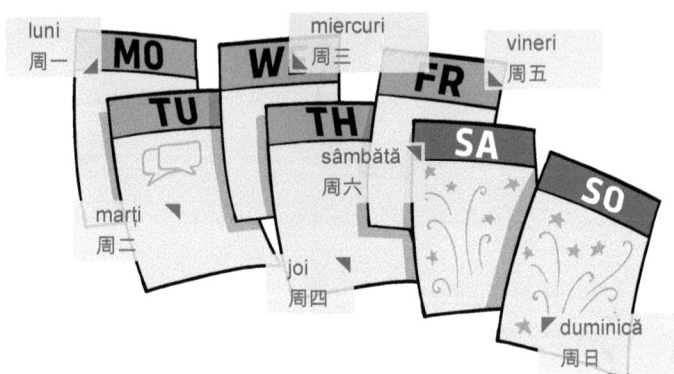

luni 周一 · MO
marți 周二 · TU
miercuri 周三 · W
joi 周四 · TH
vineri 周五 · FR
sâmbătă 周六 · SA
duminică 周日 · SO

ieri

昨天

azi

今天

mâine

明天

dimineață

早晨

amiază

中午

seară

晚上

MO	TU	WE	TH	FR	SA	SU
1	2	3	4	5	6	7
8	9	10	11	12	13	14
15	16	17	18	19	20	21
22	23	24	25	26	27	28
29	30	31	1	2	3	4

zile lucrătoare

工作日

MO	TU	WE	TH	FR	SA	SU
1	2	3	4	5	6	7
8	9	10	11	12	13	14
15	16	17	18	19	20	21
22	23	24	25	26	27	28
29	30	31	1	2	3	4

week-end

周末

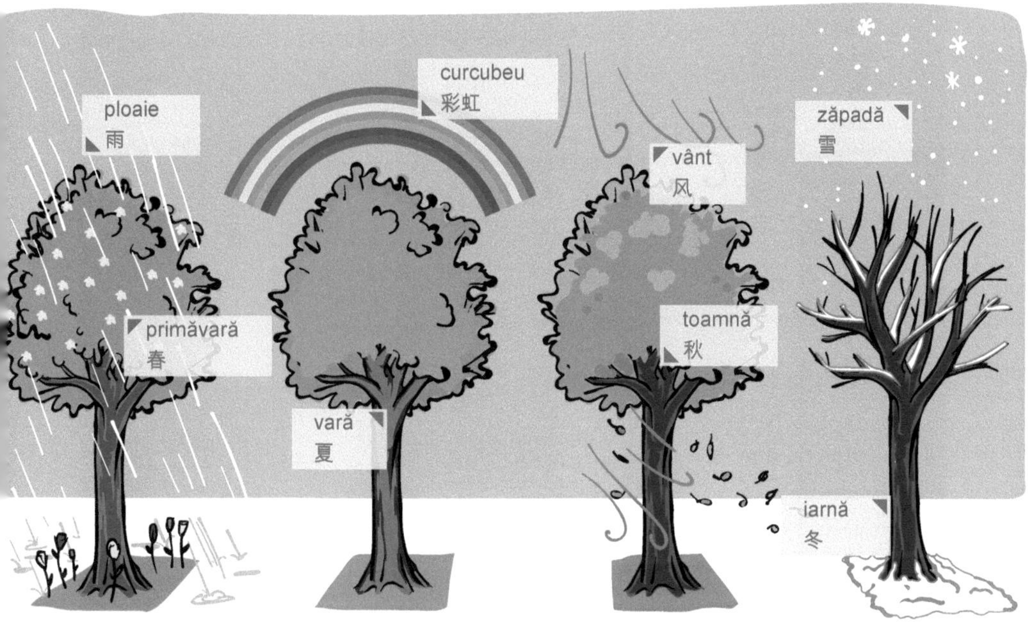
ploaie
雨
curcubeu
彩虹
vânt
风
zăpadă
雪
primăvară
春
vară
夏
toamnă
秋
iarnă
冬

4.APRIL 11°
5.APRIL 4°
6.APRIL 13°
7.APRIL 8°
8.APRIL 10°

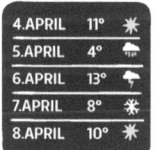

prognoză meteo

天气预报

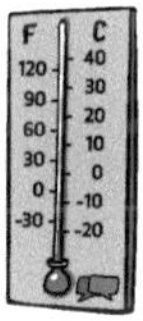
F
C
120
90
60
30
0
-30
40
30
20
10
0
-10
-20

termometru

温度计

lumina soarelui

阳光

nor

云

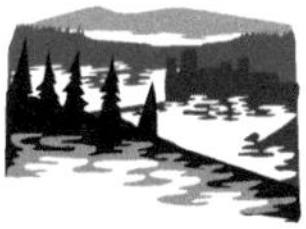

ceață

雾

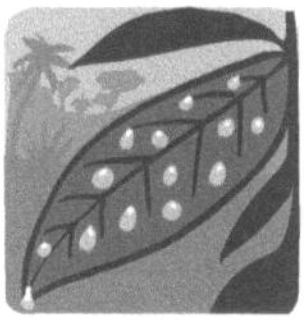

umiditate a aerului

潮湿

fulger

闪电

tunet

打雷

furtună

风暴

grindină

冰雹

muson

季风

inundaţie

洪水

gheaţă

冰

ianuarie

一月

februarie

二月

martie

三月

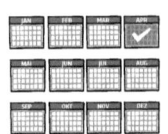

aprilie

四月

mai

五月

iunie

六月

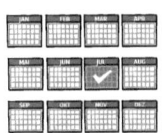

iulie

七月

august

八月

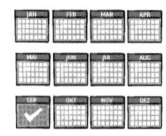

septembrie

九月

octombrie

十月

noiembrie

十一月

decembrie

十二月

forme

形状

cerc

圆形

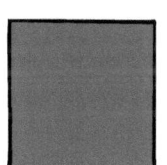

pătrat

正方形

dreptunghi

长方形

triunghi

三角形

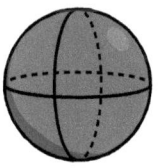

sferă

球体

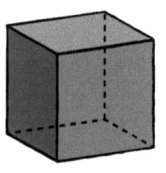

cub

立方体

alb

白

galben

黄

portocaliu

橙

roz

粉

roșu

红

violet

紫

albastru

蓝

verde

绿

maro

棕

gri

灰

negru

黑

mult/puțin

很多/少许

furios/calm

生气/平静

frumos/urât

美/丑

început/sfârșit

首/尾

mare/mic

大/小

luminos/întunecat

明/暗

frate/soră

兄弟/姐妹

curat/murdar

干净/肮脏

complet/incomplet

完整/缺失

zi/noapte

白天/晚上

mort/viu

死/生

lat/strâmt

宽/窄

comestibil/necomestibil

可食用/非食用

rău/prietenos

邪恶/善良

emoționat/plictisit

兴奋/无聊

gras/slab

胖/瘦

primul/ultimul

第一/最后

prieten/inamic

朋友/敌人

plin/gol

满/空

tare/moale

硬/软

greu/ușor

重/轻

foame/sete

饿/渴

bolnav/sănătos

生病/健康

ilegal/legal

非法/合法

inteligent/stupid

聪明/愚笨

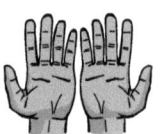

stânga/dreapta

左/右

aproape/departe

近/远

nou/uzat

新/旧

nimic/ceva

没有/有些

bătrân/tânăr

老/幼

pornit/oprit

开/关

deschis/închis

打开/合上

încet/tare

安静/吵闹

bogat/sărac

富/穷

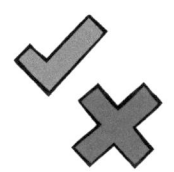

corect/fals

对/错

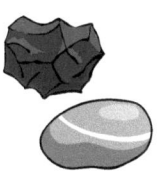

aspru/neted

粗糙/光滑

trist/fericit

伤心/高兴

lung/scurt

短/长

încet/repede

慢/快

ud/uscat

湿/干

cald/rece

温暖/凉爽

război/pace

战争/和平

0

zero

零

1

unu

一

2

doi

二

3

trei

三

4

patru

四

5

cinci

五

6

șase

六

7

șapte

七

8

opt

八

9

nouă

九

10

zece

十

11

unsprezece

十一

12

douăsprezece

十二

13

treisprezece

十三

14

paisprezece

十四

15

cincisprezece

十五

16

șaisprezece

十六

17

șaptesprezece

十七

18

optsprezece

十八

19

nouăsprezece

十九

20

douăzeci

二十

100

o sută

百

1.000

o mie

千

1.000.000

un milion

百万

engleză

英语

engleză americană

美式英语

chineza mandarină

普通话

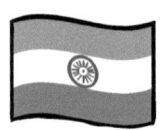

hindi

印地语

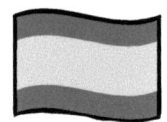

spaniolă

西班牙语

franceză

法语

arabă

阿拉伯语

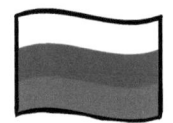

rusă

俄语

protugheză

葡萄牙语

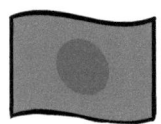

bengaleză

孟加拉语

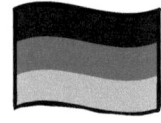

germană

德语

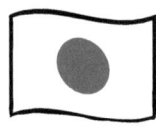

japoneză

日语

eu

我

tu

你

el/ea

他/她/它

noi

我们

voi

你们

ea

他们

cine?

谁？

ce?

什么？

cum?

怎样？

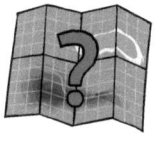

unde?

哪里？

când?

什么时候？

nume

名字

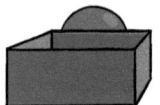

în spate

后面

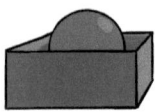

în

里面

înainte

前面

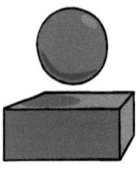

peste

上方

pe

上面

sub

下面

lângă

旁边

între

中间

loc

地点